JN418074

딴생각

딴생각

김재혁 시집

●

민음의 시 196

민음사

自序

석탑 앞에 때 이르게 피는
이는 새봄보다 먼저 피어
늘 옛 기억을 알려 주는데,
여기 스무 번의 봄을 추려
세 번째 시집을 묶는다,
늘 마음의 안쪽에 서 있는
이들에게 목련 카드를 보낸다.

2013년의 어느 하루
김재혁

차례

2부 단체사진

3부 딴생각

4부 동시대인

1부

시란,

저녁, 나무들

다 흘러가지 않은 저녁 속에
둥지에 내려앉은 새처럼
그저 일순의 숨결이라도
행복 속에 가두고 싶다는 듯
잎들의 날개를 접는 나무들,
이젠 쓰고 남은 시간도 접어
뒷주머니에 꾸깃꾸깃 집어넣고
다 흘러가지 않은 저녁 속에

생의 벤치에서

— 연극 「보이체크」를 보고

그녀는 성경을 꺼내 들여다보며
머리를 매만지고 표정을 고치고,
연극이 끝난 대학로 주점에서는
또 다른 마리들이 바람에 어지러운
심연을 향해 소주를 쏟아부었다.
또 다른 보이체크들은 앞에 앉아
아찔한 구렁 앞에 다리를 떨었고,
세상에 발붙일 곳은 없다며 그날
밤, 실잠자리들은 하늘에 떠돌았다.

책

구름보다 더 늙은
책이 내 얼굴을 쳐다본다.
내 얼굴을 들이마시고 어루만진다.
내 마음을 제본하여 읽어 보라고 내민다.
책의 손가락이 내 속을 더듬으며
뒤틀린 내 영혼의 손목에 봉침을 놓으며 웃는다.
병원 복도에서 소리 지르는
반 귀머거리 노파,
귀먹은 책이 나를 향해 소리친다.
생의 계절은 늘 그늘이었다고,
앞을 못 보는 책은
뱃고동 소리가 들려오면
낡은 귀를 쫑긋 세운다.
책의 행간을 바람이 지난다.
책의 밭고랑에 시간이 흐르며
물결친다. 책에 해일이 일어
사랑이 묻히고 죽음도 묻히고
책에 눈이 내려 어둠이 진다.

마이크 시험 중

조는 한낮의 건물 밑에서 졸다
비린내를 싫어하는 대나무처럼 뻴쭉하게
총을 내려놓고 담배 한 대 피우다

그대를 실망시키기 위하여
하루 종일 돌아다녔습니다.
쓰던 말 버리고 산속으로 들어갔죠.
낯은 익지만 이름을 모르는
나무들 풀들 새들 틈에 서면 왠지
친근하면서 서먹서먹하더군요.
풀들은 제 이름 속에 꽂혀 있지만
나는 그 꽃병들의 이름을 모릅니다.
냄새는 익숙하지만 이름을 몰라
말을 선뜻 건네지 못합니다.
그냥 모른 척 꽃병에서 뽑아 버릴까요,
왜 그러느냐고요?

조는 한낮의 건물 밑에서 졸다
내 시는 계속해서 마이크 시험 중이라

총을 내려놓고 담배나 피우고 있다
내가 부르는 그대 이름 속에
그대가 들어 있기를 바라면서

소리

산책로를 걷다 보면
여름의 주머니를 뒤지는 소리들,
딱따구리는 제 골머리가 터지도록
나무의 속에다 딱딱딱 공허를 털어놓고
날아가던 구름은 귀를 열고 물끄러미 내려다본다.
나무들은 발가락으로 땅속을 헤집고
안 보는 듯 슬쩍 남의 허벅지를 훔쳐본다.
가끔 손수건으로 땀을 훔치는 낙엽송들,
땀에 묻어나는 진하게 꿍친 생각들,
민들레는 고양이 눈을 노랗게 뜨고
입을 오므려 동그랗게 야옹 소리를 내고
돌멩이는 바람에 몸을 비비며
발꿈치를 돋운다.
도로를 달리는 차 소리,
무수한 소리들 사이로 전류가 흘러
세상의 정적에 불이 들어온다.
수첩을 꺼내 든 나무들 소리를 끼적거린다.

한낮의 서재

시의 짐승들이 어슬렁거리는 책장이다.

참새가 창가에 와서 찰칵찰칵 엿을 자른다.

김수영이 뱉어 놓은 침이 마야코프스키의 시집에 잔뜩 묻어 있다.

개미 떼처럼 하늘에 달라붙어 있던 보슬비를

바람이 윈도우브러시로 싹싹 지운 한낮,

책상에 내려앉은 참새 두 마리가 주둥이로 자판을 콕콕 쫀다.

말라르메는 추억에 젖은 손가락으로 앨범 속 아가씨를 뒤적거리고

더위에 지친 시간이 책상 위에 널브러져 곤한 잠에 빠져 있다.

꿀통 속의 고통을 훔쳐 먹은 하이네는 눈물을 훔치고

젊은 괴테는 슬픔을 베르테르에게 넘겨주고 집을 나갔다.

부르크하르트의 르네상스 풍경 쪽으로 수렴되는 한가로운 책장,

밖은 안개다. 선악과가 무성하게 자라는 정원.

꽃, 비가

봄마다 꽃들이 부르는 비가는
나무를 물들이고 나무는 운다.
지난봄에 보았던 북한산 산수유 꽃은
새가 되어 내 가슴속에 살면서
가끔 내 가슴을 두드리며 운다.
서 있다는 것은 저편을 향한 비가다.
꽃 속에 비가가 숨어 있다는 건
비 오는 거리에 서 있어 본 사람이면
누구나 안다. 꽃은, 어느 봄날의 꽃이든
어두컴컴한 빈 방에 덩그마니 매달린 의자다.
의자엔 죽음이 걸터앉아 엉덩이를 들썩이며
비가를 부른다. 앞뒤로 일렁이며 삶의 비가를,
노래를 입안으로 흘려 넣으며, 그래 그렇게
흔들리며 달이 고개를 돌릴 때까지
잠시 이런저런 빛깔로 아픔을 노래해 보는 거다
노란 눈물 빨간 눈물 하얀 눈물

시란,

테러다, 방 안을 가득 채우며 굳어 가는 침묵에 대한, 살금살금 다가와 내 아내의 얼굴에 모래를 훽 뿌리고 도망치는 세월에 대한, 다가오면서 아무런 빛도 던지려 하지 않는 쌀쌀맞은 미래에 대한, 어린 시절 옆자리 동무의 배 속을 칡넝쿨처럼 주름지게 했던 텅 빈 가난에 대한, 네 삶의 마지막 한 걸음은 홀로 떼어 놓아야 한다는, 그리하여 삶은 커다란 질문 끝에 매달린 스치는 햇살이라고 하는 잿빛 노을에 대한, 침묵의 방 안에 마지막으로 울려 사라질 바람소리에 대한, 테러다, 시란.

그리고 이 모든 것에 대한 사랑이다, 시란. 부스럼 병에 걸렸던 볼테르를 수백만의 입자로 낫게 해 준 레몬주스의 힘, 그게 바로 시다.

눈

겨울 하늘의 그 눈길을, 얼어붙은 그 하얀 눈길을 타고 내게 달려오더니, 내가 심술궂게 막아 놓았던 세월의, 굼뜬 사랑의, 거친 마음의 울타리를 펄쩍 뛰어넘어 달려오더니, 나와 가까이서 놀자고 그렇게 새하얗게 아름답게 내리더니, 아, 무슨 상징이라도 되려는가, 아픈 눈물방울로 남아, 내 가슴에 무엇을 남기려는가, 이미 잿빛이 되어 버린 도화지에도 자국은 남게 마련이므로,

흰나비처럼 날아드는 눈은.

그래, 눈길을 주자. 내가 잊었던, 요정 같은, 눈물 같은 그 여인에게 이 눈길을 주어 하늘로, 저 순결의 공간으로 때에 찌든 세월을 날려 보내자. 좁쌀만 한 눈물 한 방울 손바닥에 움켜쥐고, 마치 실성한 사람처럼, 실성해서 오히려 마음 편한 사람처럼.

미치도록 하얗게 눈이 내리는 날엔
눈이 내려온 눈길의 그 머나먼 맨 끄트머리를 올려다보

는 거다,

그러면 거기 누군가의 물빛 눈빛이 보이리라.

낙엽에 떨어지는 저 햇살은

겨울날 햇살을 가만히 들여다보고 있노라면 저마다 닻을 올리고 생의 풍랑에 밀리는 생각들, 이 얼마나 먼 하늘을 거쳐, 몇 광년의 흐름을 거쳐 내게로 와 손등에 얹히는가. 외발로 추위를 견디는 겨울나무 시린 어깨를 주물러 주는 바람들을 바라보며, 멀리, 떠나간 이런저런 꿈들을 생각한다. 사랑이라는 임시계약서에 일용직으로 고용되었던 순간들, 한순간의 희미한 서명만 남았을 뿐이지만, 낙엽 같은 그 순간들의 종이 위에 무엇이라도 써넣고 싶었던 마음들만이 떠도는 겨울 하늘엔, 그래도 또다시 그리운 이름들이 바람에 휘날린다. 한 줌의 사랑을 주머니에 넣어 두었다가 날아가는 참새에게 던져 주며 낙엽에 떨어지는 저 햇살은 햇살의 묶음보다 더 아름다운 외로움을 노래한다.

어느 날도 매일처럼

거리에 떠도는 바람을 쓸어 담는다.
담아도 떠나 버리는 저것들은
스침을 노래하지만 내 가슴에 담겼던 어제의
피는 오늘을 노래하지 않는다.
병원을 나서면 발치에 떨어진
제 이파리들을 바라보는 나무들
분만할 수 있는 고통보다 더 큰
생을 잉태한 우리는 기다릴 뿐이다.
연탄을 양손에 들고 비탈길을 올라가는
오후 햇살의 등짝에
아무 말도 쓰지 못한 채
돌아서는 발걸음은
떨어진 나뭇잎의 손아귀에 쓸쓸한 소리만 쥐어 준다.

관심

내 비록 눈물 같은, 쌀떡 무지개 같은, 풀밭에 뛰어노는 봄날 새끼 양 같은, 나를 버린 추억의 뒷그림자 같은 수식어를 쓰지는 못하지만, 저녁나절 쓸쓸한 냇물의 마음에 낚싯대를 드리우지는 못하지만, 서풍에 밀려가는 처녀구름의 하소연을 듣지는 못하지만, 무엇보다 어제 저녁 그 포장마차의 바쁜 손길과 그곳에 떠돌던 삶의 애잔함에게 말을 걸지는 못하지만, 그래 언어의 가슴에 손을 집어넣어 그렇게 부드럽게 만지지는 못하지만, 그래도 이렇게 바람결에 몇 자라도 적을 수 있는 것은 내 여린 마음의 흙 속을 마구 파 뒤집고 다니는 누군가, 이 세상 하늘에도 집의 흔적을 남기는 두더지가 있기 때문이다.

삶은 모든 사물들의
무게보다 무겁다고

누군가를 만난다는 것은
그 사람에 대한 초상화를 그리는 것이다.
서로를 못 잊는다는 것은
그림을 더욱 정교하게 완성해 가는 일이다.
그리하여 가슴의 틀 안에 굳혀서
환한 불빛 아래 매달아 놓는 일이다.

창밖으로 내민 손등에 떨어지는 빗물이 차다.
봄기운을 타고 훨훨 날아오르다가
연못에 빠진 나비의 무너진 날개를 보는 것은
첫마디만 시작해 놓은 시를 다 쓰지 못하는 것이다.

나는 왜 사랑의 성긴 체밖에 되지 못했는가,
왜 그대의 사랑을 잔모래처럼 다 흘려보냈던가,
해 보지만,
빗물은 그녀의 푸른 편지를 적시고,
내 안에 그려진 그녀의 초상화는
지금 아닌 봄날,
차가운 봄비에 젖고 있다.

내 안에 무엇이 줄고
무엇이 불었는가.
나의 시엔 빈 독처럼 금이 갔다.

시의 입

내 가슴에 깃털 하나를 남기고 간
지난날의 두루미여,
몸통은 날아갔어도
터럭 하나로 무엇인가 그려 봅니다.
시의 입이 있어
봄이 그리로 들어옵니다.
입을 하! 벌리면
벌 떼들이 날아 들어와 날개를 접고
발에 묻은 향기를 혀에 묻혀 두고 갑니다.
시가 꿈틀대는 봄입니다.
벌레를 한 움큼 품은 봄비들이 내려
겨울 동안 목말랐던 유리창들이
모두 혀를 내밀고 봄비를 소금에 찍어
하얀 내장에 가득 담습니다.
봄을 바라보는 유리창의 눈엔
은근한 침묵이 맺힙니다.

벗에게

시 한 편 쓰기 좋은 날입니다.
그곳은 편안한지요.
봄바람이 불어 머리에 꽃물이 들 것만 같습니다.
나비도 머릿속에 생각이 많은 날입니다.
날씨가 풀리며 채소 값도 내렸다는군요.
이런 봄날에는 먼 이국에서 만난 듯
낯선 지폐를 손에 쥔
신선함을 전하고 싶습니다.
아침 먹고 난 산이
몸을 흔들어 안개를 털어 내듯
지난겨울의 사랑을 털어 내려는 사람들
몇몇 모아서
봄도 오고 새도 우니
언제 한잔해야지요.
안개 낀 봄날에는 시를 한 편 쓰고 싶습니다.

베르테르의 슬픔

그곳엔 슬픔의 집이 있다.
여러 배우들이 놀다 간 곳에
물이 흐르면, 거기엔 슬픔의 물고기가 흐느낀다.
새가 되지 못한 물고기가
노는 그곳엔 아픈 심장 하나가 있다.
땅과 하늘이 역류하며
젊음 속으로 표류하는 곳엔
누구나의 아쉬운 사랑이 있다.
익지 못한 과일나무 끝에 매달린 것은
젊은 시절 사랑의 죽음이다.
물고기는 지금도
남모르는 심장 속을 헤집고 다니며
그 시절의 아픔이
그 시절의 것만이 아니라며
사랑은 모천을 따라 올라가는
연어의 죽음 같다고
봉인하지 않은 그의 심장은 말한다.

봄

나비가 손톱깎이 위에 날아와
손톱을 깎고 갑니다.
진달래에 들렀다 나온
나비의 엉덩이에
봉선화 물이 들었습니다.
아니, 저런!
나무들은 봄을 향해 우로 봐!
봄이 사열대 앞을 지나갑니다.
허물어진 무덤가엔
할미꽃의 검붉은 틀니,
라고 봄은 뭉툭한 생각 끝에
침을 묻혀 꾹꾹 눌러씁니다.

봄비, 낙서

결혼이란 어여쁜 인형을 받고서
그것을 망가뜨려 가는 과정이라며,
어제 봄비가 와
한잔하자고 해서
비에게 한잔 사 줬다.
비에게 결혼 얘기는 안 했다.
비는 팔이 아프다고 했다,
나는 아무 말도 하지 않고
듣고만 있었다,
입 없는 나무처럼……

2부

단체사진

단체사진

이렇게 서 있으면 숨결 소리 들려오고 꼭 지난날 동료들과 어깨를 서로 부딪치며 얼어붙은 강을 건너던 한 마리 들소 같다. 캄캄한 밤, 눈은 내리고 폭풍우 불어닥쳐 눈에 잘 보이진 않지만 느껴진다. 복잡한 재래시장, 생선 냄새는 풍겨오고, 오가는 사람들의 눈길엔 옷가지가 비치고, 콧속으로 팔짝 뛰어드는 노란 새우튀김 냄새, 그 위로 하늘은 전봇줄에 싸인 싸구려 생선의 등처럼 약간 푸르다. 이렇게 서 있으면 시골 집 마당의 외눈박이 채송화 같다. 장미가 알을 배는 소리도 들린다. 나는 떡시루의 한 톨 밤알로 박혀서 발가락 끝에 살짝 힘을 준다. 꼭 예쁜 꽃 옆에만 설 수 있는 것은 아니다. 한 마리 매미가 아무리 울어도 전체 나뭇잎은 시들지 않는다. 자, 여길 보세요! 눈 한 번 깜박하고 나면 우리는 모두 봄날 벚꽃처럼 흩어진다.

관행

하나의 길이지요.
꽃가루 날리며 꽃상여가 나갑니다.
녹슨 생각이 뻗어 가는 길에 맺히는 슬픈 빗물,
너는 이쪽으로 흘러야 해.
붉은 띠 이마에 두르고 두 주먹 불끈 쥐고
시도 아방가르드, 관행의 길을 가야 합니다.
거기엔 아픔이 있습니다.
죽은 관이 가는 길입니다.
복면을 한 욕망들이 고개를 숙이고 가는 길입니다.

가로등 마음 읽기

번역 일로 밤을 꼬박 새고 새벽 다섯 시 아파트 꼭대기 서재에서 북악스카이웨이를 느긋하게 내려다보며 잘 익은 라면을 먹는다. 굶주린 혀로 라면의 행간을 읽는다. 지난날의 어느 오후 다섯 시, 배고픈 버스에 올라 쥐포를 뜯었을 때 버스 안 사람들이 그랬듯이, 멀리서 내 모습을 쳐다보는 가로등들에게서 꼴깍 침 넘어가는 소리 들린다. 밤새도록 불침번 선 그들에게 따뜻한 라면이라도 한 그릇 끓여 주고 싶다. 애절한 가로등 불빛은 멍멍이의 눈빛 같다. 슬픔처럼 촉촉하고 말갛다. 그릇을 치우려 하자 가로등들이 멍멍 짖는다. 떠오르는 해의 어렴풋한 빛살이 그들의 눈빛을 지울 때까지 나는 라면 그릇을 치우지 않는다. 입안이 타들어 가는 애처로운 가로등 불빛들, 내 눈에서 치울 수 없는 텍스트다.

꽃의 향기를 맡으려 구부린 여인의 그 허리

꽃의 향기를 맡으려 구부린 여인의 그 허리,
선명하다. 차라리 사랑을 염하여
내 눈망울을 긁은 그 허리,
어지럽다.
바람,
입술마다
꽃잎을 물었다.
바보라고.
바람이 세차게
날아와
뚫고 간
옛사랑의 망막,
꽃의 향기를 맡으려 구부린 여인의 그 허리.

사랑은

내가 주례라고 말하는 사이
그녀는 꿈속의 잉크병을 떨어트릴 뻔했다.
그녀의 꿈속으로 틈입한 주례라는 말,
말과 말 사이의 빈 공간에
그녀와 내가 있다.
입을 벌리는 순간과 귀를 여는 순간 사이에
젊은 시절 집을 나갔던 생각들이 돌아온다.
말과 말 사이의 빈틈에
꽃나무를 심어 놓고
내가 주례라고 말하는 사이
그녀의 꽃은 조금 더 시들었다.
두 젊은 남녀의 얕은 어깨 사이에
깊숙한 서랍 속의 말들을 꺼내서
채워 주고 온 어느 날 밤,
그녀는 꿈속의 잉크를 찍어
그래도 사랑이라고 적었다.
나와 그녀 사이의 빈 공간에.

기억의 나방

밤, 아파트 꼭대기 서재에서 바라보면 팔각정으로 이어지는 북악스카이웨이를 따라 가로등들이 열심히 산을 오르고 있다. 낮에 산책로를 따라 사람들이 오르던 길을 이젠 불빛들이 땀을 흘리며 오른다. 불빛들은 저마다 한 가지씩 생각을 품고 있다. 검은 보자기 사이로 총총 빛나는 불빛은 내 기억의 숨통과 같다. 환한 불빛을 찾아 내 기억의 나방이들은 몸을 던지며 내게 뭐라고 지껄인다. 늙은 나방, 어린 나방, 즐거운 나방, 슬픈 나방, 예쁜 나방, 화난 나방, 온갖 나방들이 내게 달려들어 펜대를 손에 쥐어 주며 뭐를 좀 써 달라고 한다. 기억은 끊임없이 나를 공격한다. 때로 나는 완전히 기억들에 의해 포위된다. 기억의 나방들은 나를 향해 시시각각으로 붉거나 푸르거나 누런 날개 가루를 뿌리고, 나는 그로 인해 잠시 눈이 먼다. 그것은 곧 멀리서 반짝이는 불빛에 눈이 머는 일이다. 사랑은 불빛이고 가까우면서도 머니까.

양귀비

양귀비,
너의 속을 위하여서라면
몇 구비 계곡을 돌아
흔들리는 바람이라도 좋으리.

너의 그 보이지 않는 계곡을 위하여서라면
나 한밤중의 나그네가 되어도 좋으리.

네 붉은 빛에 내 머리를 감고
나는 중세를 거니는 시인이 되어도 좋으리.

바람 부는 날,
휘날리는 네 꽃잎에 내 젊음을 묻어도 좋으리.

너머

아파트 화단에서 봄을 가슴에 와락 안았던 살구들은 노랗게 얼굴을 분장하고 저 너머로 사라졌습니다. 온도계 속에서 올여름의 무더위를 최고도의 순간으로 반짝이게 하던 수은주는 기둥 아래 심연으로 뛰어내렸습니다. 한때 빛나던 낱낱의 나뭇잎들의 신비로움은 절대적인 사랑에 대한 생각만 남기고 태양이 갉아먹었습니다. 제 발길질로 더럽혀 놓은 둠벙을 바라보는 가재의 툭 튀어나온 눈에 다시는 맑아질 수 없는 별 하나가 떠 있습니다. 너머 아래에는 늘 어쩔 수 없는 수많은 콤플렉스들이 살고 있습니다. 그들의 가슴 속에는 마땅히 밝아야 할 저 너머의 그림들이 걸려 있습니다. 그러나 수정할 수 있는 것은 아무것도 없습니다.

오후

살짝 고개를 수그리는 음성들, 얌전해질 수 없는 여름 햇살에 도로를 기어가는 자동차 소리가 납작해진다. 오른쪽 창문이 약간 물러서며 이끼 서린 도시의 햇살을 피한다. 싸게 팔아 버린 어제가 뒤를 돌아보는 오후. 햇살에 눌린 소리들이 연실 굽실거린다. 생도 약간 허리를 굽혀 시간 속으로 젖어든다. 시간의 문은 거인도 지날 만큼 높지만 누구나 허리를 굽힐 수밖에 없는 생이다. 오후의 소리들조차도 머리를 숙이니 저마다 허리 뒤로 드리워진 긴 그림자들 때문이다.

카프카의 「성」을 읽다가 문득,

K는 삶에 취해 자신의 성문을 열어 놓고도 자신의 성을 찾아 길을 헤매고 있다는 것을 날마다 내 곁을 흐르는 술의 전언으로 듣는다. 바람이 불면 세상은 풍경 소리 아닌, 자물쇠들 부딪치는 소리로 가득하다. 어떤 사내는 황금빛 다슬기의 문을 열고 안으로 들어가고 때론 열심히 살던 파리들이 둔기에 맞아 숨진 채 발견되기도 한다. 뭔가를 위해 꽉꽉 잠긴 자물쇠의 종을 치려다가 요절했다는 소문 속 다슬기 안의 생은 행복할까? 쓰러진 파리들 손에 들린 손거울에 누군가의 가슴속으로 흐르는 생의 구름이 비친다. 무더운 날 왜 개미는 개망초 꽃 풍차를 돌리려 할까?

어머니의 이마

봄바람에 호박꽃 떨어질 때 장뜰로 향하던 급한 마음 실어가곤 하던 수레바퀴 소리 들리네요. 새끼 돼지 몇 마리의 무게가 삶의 무게를 그래도 덜어 주었을까요. 십오 리 장의 신작로엔 햇볕이 내리쬐고 치마폭에서 떨어지기 싫어 하던 다섯 살 배기의 손아귀엔 힘이 들어갔지만 구 남매의 흔들리는 생이 아지랑이처럼 아른거려 길바닥에 떨어진 낙엽의 시린 겨울을 생각했던 밝은 이마는 반짝였어요. 세상의 어둔 협곡에서 찬바람 불어와도 쉴 때를 생각지 않던 사랑은 하늘하늘 가을빛 코스모스 길에서도 늘 바쁘기만 했지요. 생의 얼룩이 햇살을 받아 그 이마엔 늘 무지개가 떴지요. 차가운 겨울날 문풍지 떨림에 오늘 어머니 이마의 빛살이 전해져 오네요. 시냇가 실잠자리의 짙은 보랏빛 떨림보다 설레어 나는 생의 신작로를 멀리 굽어봅니다. 거기 슬픈 단조 하나 펄럭거릴까 하여.

가을날의 생각

가을의 벌판, 멀리 지평선에선
연기가 피어오른다.
말을 탄 나그네의
불안은 절뚝대는 말의 다리가 아니다.
감꽃이 질 때
늙은 개미는 바위를 넘는다.
내 언이는 구름처럼
녹지 못하고
아직 지상에 매여 있어
그대의 가슴을 떠나지 못한다.
늦은 가을날.

가을 무덤에 후두두둑 빗방울 떨어지면
나무에서 새 한 마리 하늘로 날아오르고

구름 한쪽이 무너지며
밝았던 날이 침울해지듯이
그렇게 생은 허물어질 수 있다
가을 산의 모습을 보며

이상한 골짜기,
가을 나무 곁에 이상한 봄나무

초가

웅크린 초가집의 모습이나
호미질하는 할머니의 모습이나
낡은 수십 년 세월에 닮아 있다.
흰 노파는 잡초를 뽑고
초가집은 기억을 뜯는다.

댓돌에 신발은 없다.

나머지는
가슴속의 헛간이
알아서 채워야 할 일.

재채기

재채기하는 걸 보면 다 안다. 안에 하지 않은 말이 얼마나 많은지. 자잘한 생각들은 먼지처럼 쌓여 바깥에서 바람이 훅 하고 불면 에이취! 하면서 튀어나오는 내 이름자 끝자의 이니셜! 아내는 언제부턴가 내가 뭐라고 말만 꺼내면 재채기를 한다. 에이! 빌어먹을 하려다가 취! 한다. 먼지투성이 비포장도로로 바람이 분다. 살다 보면 목구멍에도 머리에도 먼지가 끼기 마련인가 보다. 나는 그녀에게 봄날 꽃가루인가,

그대 눈에 해가

그대 눈에 해가 떴나요,
해가 뜨면 보일까요?
단단한 돌에 새겨진 상형문자,
집 모양 위에 그려진
커다란 눈 하나.

멀리 기차 소리는
늘 뭔가를 끌어당기며
바다 소리를 끌어오고,

나는 하루에도 몇 번씩
꿈속으로 자맥질하지요.
「생각하는 사람」의 그 손을
빼 버려야 할 때,
내일을 먼저 써 내려간 신문기자가
오늘을 돌아다보듯
그렇게 수정해야 하는 것이
인생이라면 아예 미래의
하늘 찢어진 틈을 생각지 않겠어요.

나는 여기 너무 나로 서 있어,
그대의 상형문자를 읽지 못하지요.

내 눈에는 언제 해가 뜰까요.
앞서 간 생각이 걸음을 멈추면
울다 만 것 같은 하늘이 갤까요?

우물

버려둔 우물이 날 부르지 않아도 나는 그 우물을 찾을 것이다. 마치 목마른 주전자가 물을 찾듯이. 혹시라도 그 우물에 달빛이라도 비친다면 더욱 물맛이 나겠지. 때까치 울음소리라도 스친다면 우물은 진저리를 치리라.

누군가가 읽다가 치워 둔 책 같은 그 우물을 나는 끝까지 읽으리라. 떠도는 마음이 어머니를 외칠 때, 마른 기억에 물을 끼얹어 주는 그 우물을.

그 책을 읽다 보면, 밤마다 들려오는 우물의 웅성거림, 밤의 산길을 오르는 가로등 불빛들의 부지런한 발걸음 소리, 눈으로 들어오는 소리. 눈으로 들어와 내 가슴의 우물을 휘젓는 소리. 우물은 소리들로 가득하리라.

하지만 내가 던지는 돌팔매질에 우물의 소리들은, 잔잔하게, 부드럽게 속삭이던 밀어들은 산산조각이 나리라. 우물이 찢기며 만드는 물결의 무늬, 시간의 무늬, 내 귀에 와서 소리 지른다.

추억

추억 속은 무덥다. 단내가 난다. 밤의 향기에 젖어 포도를 따먹던 여름밤은 후텁지근했다. 기억은 고통을 깨문 반짝이는 진주 같다. 버려진 후회들이 제 몸을 달구어 담금질을 한다. 동굴 속을 자꾸 들여다보면 눈이 아프다. 태양을 향해 꿈을 밝히는, 매콤한 향내의 나팔꽃처럼. 나팔꽃 속에서 빛이 나온다. 그 빛으로 나는 살아 있다. 바이러스 먹은 컴퓨터처럼 버벅대는 오후. 시는 악다구니로 쓰는 게 아니란다. 칼의 붉은 입, 스쳐 지나가는 옷깃, 어디 가서 사랑을 구할까. 토끼풀 풀섶을 아무리 뒤져도 네잎 클로버는 없다.

아버지의 풍경

아버지를 생각하면 늘 떠오르는 것은 아버지의 안경에 비치던 풍경이다. 지나가는 차창처럼 때론 그곳엔 바깥 측백나무에 와서 앉던 참새들이 비치기도 했고, 때론 하늘에 떠가는 구름이 비치기도 하였으며, 마주 앉은 어머니의 얼굴이 나타나기도 했다. 그러나 약간 비켜서서 그것을 바라보던 나의 모습은 단 한 번도 보이지 않았다. 나는 늘 아버지의 TV에 나올 수 없는 존재처럼 여겨졌다. 늘 한쪽 방구석에 앉아 뭔가 조몰락대며 만들거나 만화책을 보는 게 취미였던 내게 아버지의 카메라는 시선을 던져 주지 않았다. 아니, 그렇게 생각했던 것이다. 내가 아버지의 임종을 얼마 앞둔 어느 날 아버지의 병실을 찾았을 때 아버지의 눈길은 나의 움직임만을 좇았다. 아버지의 눈길은 내 몸에 와서 끊임없이 달라붙었다. 삶이라는, 공부라는, 인생의 성취라는 방패로 내 모습을, 내 마음을 은근슬쩍 가리고 아버지의 마음의 반경 속으로 뛰어들기를 꺼려했던, 살아 계실 때도 마치 성묘 가듯 했던 나는 가슴 찔리는 아픔을 느끼며 슬그머니 자꾸만 그 눈길을 떼어 냈지만, 그때 아버지의 그 마지막 눈에는 내 안경에 어떤 풍경이 비쳤을까. 볏단에 싸인 홍어처럼 고독하게 익어 가던 아버지의 아쉬운 눈길에는 설익은 아들의 안경 너머로 무엇이 비쳤을까.

이제 나는 중년의 언덕바지에서 지나온 길을 멀리 바라보며, 식탁에 마주 앉아 있는 나의 아내와 두 딸을 바라보며 그들의 눈엔 지금 내 안경에 무엇이 비칠까 생각해 본다. 바깥에선 지는 저녁 햇살이 홍옥 속에 갇힌 여인의 비탄처럼 수만 개의 거미 눈으로 나를 째려보고 있다.

인연

손바닥을 보고 있노라면
감정의 구두를 신고
또박또박 걸어오는
여인의 모습이 보인다.

멀리, 누군가에게
길을 물어보고
이편을 쳐다보지만
나를 보지는 못한다.

걷다가 가끔 길가 우물에서
물 한 모금 축이고서
제 얼굴을 들여다보고는
다시 일어나
걷다가 어디로 갈지

헤매는 그녀의
손에 들려 나는 또
그냥 풍경이 된다.

낙엽

겨울 차가운 땅바닥에 납작하게 배를 붙이고 누운 너를 보며 나는 지난여름 경주 천마총 연못에 피었던 연꽃을 생각한다. 그 누군가 생명과 함께 네 바지 주머니에 넣어 주었던 한 줌의 시간을 남김없이 털어 쓰고 이젠 홈리스가 되어 바닥에 누운 누런 점퍼 차림의 너를 보며 그 연꽃의 분홍빛 웃음을 떠올린다. 천마총 빈 공간 속에 서늘하게 퍼져 있던 그늘의 그림자는 삶은 웃음이 아니라는 것을 그 소녀 같은 연꽃에게 가르쳐 주려 했던 것일까. 긴 머리를 깎고 나서 느끼는 시원함 같은 것이 그곳의 어둠이 내게 가르쳐 준 삶의 대답일까. 오솔길 속으로 걸어 들어갔다가 다시는 밖으로 나오지 못한 강아지처럼 말똥한 눈으로 헤매는 것이 인생이라는 것을, 허공에 뜬 발가락 몇 개로 오가는 오늘과 내일 사이에서 나는 생각한다.

3부

딴생각

딴생각

무궁화꽃이 피었습니다. 한 발짝 떼어 놓을까. 가만있을까. 다 그만둬. 딴생각이 펼쳐 놓은 마당가 바지랑대에 잠자리가 앉았습니다. 잠자리의 눈이 닿는 곳에 무궁화꽃이 피었습니다. 사는 일은 역시 팍팍합니다. 저만치 옛사랑이 흘러갑니다. 옛사랑은 비안개에 젖어 있습니다. 또 한 번 무궁화꽃이 피었습니다. 그냥 마구 걸어갈까. 다 그만둬. 멀리 가로등 불빛이 안개 속에서 숨을 고릅니다. 술래의 등 뒤로 딴생각이 펄떡입니다. 길가에 무궁화꽃이 피었습니다. 누군가가 술래가 되면 딴생각은 그의 등 뒤에서 발걸음을 살짝 죽입니다. 곳곳에 딴생각들이 무궁화꽃을 피웁니다. 사람들 마음마다 몰래 무궁화꽃이 피었습니다.

숲

누구나 한번쯤 통과하고 싶은 숲이 있다. 그게 무슨 숲인지는 혼자만의 비밀이다. 사람은 그 숲속을 평생 헤맨다. 한번 들어가면 누구도 그 숲에서 쉽게 빠져나오지 못한다. 그 숲이 생의 전부요 그 숲이 그에겐 삶의 소리 없는 버섯이 되기 때문이다. 그는 숲의 그늘 아래 많은 것을 키우지만 숲의 빛깔에 취해 생 속에 서 있는 자신의 그늘의 빛깔은 보지 못한다. 불어오는 바람에 잠깐 우듬지를 흔들어 줄 뿐 숲은 언제나 원위치를 고수한다. 숲에 오래 살면 누구나 그 숲의 바람 소리와 흔들리는 나뭇가지의 모습을 닮는다. 때로 그 숲에 젊은 시절의 사랑을 묻기도 한다. 간혹 외부인이 찾아오기도 하지만 그 숲의 낯섦 때문에 오래 머물지는 못한다. 그 숲에는 배타의 고양이가 산다. 그 고양이는 숲의 주인의 가슴속에서 뛰어놀다가 다시 그의 가슴속으로 뛰어 들어간다. 고양이도 가슴속에 숲을 키우기에 고양이도 제 그림자를 보지 못한 채 세월은 흐르고 세월에 젖은 숲은 어느 날 노랗게 변했다가 한순간 사라지고 만다. 고양이의 울음소리도 이젠 들리지 않는다.

시

늦은 가을날 햇살에 나부끼며 은빛으로 빛나는
갈대가 웃고 있네. 갈대가 손으로 가리키며 웃네.
저기 날아가는 기러기 떼를 보라고.
기러기가 하늘에 그리는 저 말은
시(詩)의 ㅅ자라네. 기러기처럼 날아가며
사라짐 속에 그려 놓는 것이 시라고.

은행나무

그 은행나무가 놓아주기 전까지는 나는 머물러야 하네.
내 생의 숫자를 은행 알로 세어 주는 은행나무의
목소리가 그치기 전까지는 나는 떠날 수 없네.
아직도 젖을 풀어 후손을 키워 내는 은행나무의
자장가 소리가 들리니 나는 갈 수가 없네.
내 생은 고작 한 그루 은행나무 아래 머무는 일,
해 뜨는 은행나무의 동쪽 가지를 올려다보다가
문득 쓰다 버린 컴퓨터 같은 가슴속을 생각하네.
지우지 않고 버린 많은 생의 기록들이
누군가의 머리의 가지 위에 나풀거릴 것이네.
나뭇가지 위에서 눈을 뜬 참새들이 조잘거리네,
다 안다고. 아침에도 간혹 높은 가지에서 생을 앞선
죽음들이 푸른빛으로 떨어지기도 하네.
은행나무 아래 누가 켜 놓은 촛불인가,
많은 어머니들의 촛불이 타고 있네.
촛불들이 은행나무를 푸르게 타오르게 하네.
은행나무 밑의 촛불들은 모두 푸르네.
은행나무의 그늘도 푸르네.
내쉬는 숨결도 푸르네.

은행나무의 숨결 속에 있어
나는 떠날 수 없네. 새 은행이 여무는 소리
푸르게 들려 나 잠시 더 머무르려네.
나도 가슴속에 큰 은행나무 하나를 가졌으니.

산

억지 쓰지 마세요. 괜히 내게 말을 건네지 마세요. 은유도 쓰지 마세요. 그냥 나 여기 서 있을게요. 내게 밥이라 사랑이라 하지 마세요. 눈에 보이는 게 다예요. 계곡에 고인 물, 그게 뭐 그리 대단한가요? 꼭대기에 이는 바람, 뭐 그게 그리 시원한가요? 비 오는 날, 내가 우는 것처럼 보이나요? 당신의 몸이 당신의 밥상이듯 나는 그저 내 밥상일 뿐이랍니다. 사랑을 자전거처럼 타고 날 오를 생각은 하지 마세요. 나 그냥 여기 있을 테니 당신은 거기 계세요. 날 사랑이라 부르지 말고.

그래도 사랑은 밥상인 것을.

번역의 유토피아

이곳엔 사랑이 넘실대지요.
고통도 바지를 걷고 함께 개울을 건넙니다.
수초들은 뒤엉켜 있고,
가끔 미끄러운 돌이 딛는 발을 밀쳐 내는군요.
모두 사연을 갖고 사는 세상입니다.
사연들은 글자로 서서 머릿속을 헤맵니다.
글자들에게 사연을 물으면
모두 담배나 피워 물 뿐,
수초 속에 숨은 그리움입니다.
누군가의 마음을 건넌다는 것은
늘 실패한 첫사랑입니다.
그래서 아쉽지요.

위안

연기로 우듬지를 가린 저녁나절의 측백나무들.
지나가는 구름에게 뭔가 말하고 싶은 마음이야
늘 그렇고 그런 하늘에겐 언제나 있는 일.
구름 한 점 없는 날 하늘을 보면 파란 하늘은
수줍어 어쩔 줄 몰라 하는 기색이 뚜렷하다.
그런 하늘에겐 날아가는 참새의 철없는 지저귐도
위안이 되나 보다. 그래서 가릴 것 없는 맑은 하늘엔
나무들이 그렇게도 정성스레 가지를 치나 보다.

손길

말의 안쪽에, 뭔가가 푸드득 날아와 알알이 품고 있는 새의 둥지 같은 그 안쪽에 좁다란 길이 있다. 이런저런 마음이 아침저녁으로 뻔질나게 드나들어 반질반질해져 언뜻 생각만 나면 택시를 잡아타고 가기도 하지만, 말의 안쪽으로 깊이깊이 들어가 계곡으로 걸어가면 거기 마지막에 암자처럼 누군가 앉아 있어 그분에게 물으면 알려 주는, 그 길을 끝까지 가면 결국 만나는, 가끔은 교활한 쥐새끼들도 다니고 무서운 장갑차도 다니기도 하지만, 철없는 딸을 앞에 두고 아버지가 마시는 소주잔 끝에도 매달려 있어 때론 용수철처럼 튀어 오르다 뼈아픈 후회를 토해 내고, 팔다리 없는 제 자화상에게는 하소연할 수 없지만 그러면서도 온몸으로 가는, 생각의 매표소 끝에 멈추는, 손길.

복도에 서면

희뿌연 저편에 누군가 서 있다. 유리창으로 비추어 드는 햇살에 실루엣이 된 그에겐 얼굴이 없다. 검은 가면을 쓴 그에게 혹시 꿈이 있을까. 조금은 긴장되는 순간 속에 그쪽에서 나를 어떻게 생각할까 궁금하다. 혹시 찌그러져 보일까. 아니, 내게도 얼굴이 없을까. 복도는 사람의 얼굴을 지운다. 직선 속에 있지만 빛과 약간의 어둠으로 모습이 지워져 버린다. 몸 안에서 뜨거울 심장도 차가워신다. 훈훈한 복도에 냉기가 도는 순간은 저편에 누군가 서 있을 때다. 호기심이 약간의 부끄러움을 덜어 낼 때 잘 보면 보인다. 그러나 얼굴은 여전히 어둡다. 복도에 서면 잘 보지 못하는 눈을 나는 가졌다. 오늘도 나는 누군가의 마음의 복도에 서 있다. 그리고 누군가는 나의 마음의 복도에 서 있으리라.

시에게

네게 혀를 선물하마.
한 번도 쓰지 않은 갓난아이의 혀를 주마.
뱀의 갈라진 혀가 아닌
알전구 같은 따스한 혀를 주마.
때론 독버섯 같은 혀를 주마.
단단한 주먹 같은 혀를 주마.
개꼬리처럼 아무렇게나 흔들지 않는
견고한 혀를 주마.
사람들의 지진에도 끄떡없는
사철나무 같은 혀를 주마.
떨기나무 속을 뒤질 수 있는
두껍게 못 박힌 혀를 주마.

길

길이라는 말, 끝에 저 멀리 보이는 것은 늙은 소나무의 몸 밖으로 삐져나와 노랗게 굳어 버린 송진이다. 그 송진의 길, 흐름을 거슬러 올라가면 망치질 소리가 들리고 고통의 흐느낌 소리도 들린다. 소나무가 제 안에 품은 망치로 제 몸을 두들겨 펴는 소리 들린다. 아, 길이라는 말이 송진을 낳았구나. 숱한 구비 끝에 한 걸음씩 가는 길에 송진의 열매가 매달리는 걸, 그래서 여름날 매미에게나 자리를 빌려주는 길쭉한 미루나무의 멋없는 냄새보다 소나무에서 풍기는 독한 향기가 좋은 걸, 할머니가 만들어 준 조청보다 달콤한 송진, 제 뾰족한 바늘로 찔러 만든 생의 고름이다. 길이라는 말의 망루에는 묵직한 망치가 하나 매달려 있고, 가다 보면 때론 외돌아가는 길 앞에 가슴이 방망이질 친다. 시가 가는 길은 그래, 여름날 솔잎 사이를 스쳐 지나간 바람의 상처가 기억하는 늙은 소나무의 길이다.

비 오는 창가에서

막걸리를 마시며 바람 소리를 듣는다.
삿갓을 쓰고 빗줄기 속에 논을 매는 택시들,
하루 일당을 위해 정강이를 걷어붙였다.
겨울은 지고 봄은 열려 비 내리고
나는 빗속에 손을 집어넣어
비의 눈빛을 살핀다. 슬픈 듯
내리는 빗줄기를 잡고 오르는
멀리 시내의 불빛들, 별빛 흉내를 낸다.
땅으로 내려온 은하계에 비는 내리고
나는 막걸리를 마시며 바람 소리를 듣는다.
밤은 내 어깨에 머리를 기대어 오고
북악산을 따라 올라간 길들은 산을 넘었다.
창문을 열고 기억을 닫으면
알알이 느껴지는 빗방울들,
혀로 느끼는 비 오는 밤,
밤은 내 안으로 들어와
모든 불을 꺼 버린다.
비 오는 창가에서 나는 소등된다.

새

하늘을 날아가는

새를 바라보는

사람의

발은 아프다

굴곡

비몽사몽간에 파도가 슬쩍 혀를 내미는 산기슭 저편에, 물을 바라보며 미리 긴장하는 바위들, 힘들지 않은 마음이 어디 있겠는가? 시를 끊든지, 술을 끊든지, 아니면 아예 동맥을 끊어야 한다. 굴곡은 마음을 동하게 하지만, 다리는 굴곡을 싫어한다. 하루에도 수십 번씩 휘어지는 마음의 굴곡이여, 날마다 몸속에서 기어다니는 뱀 한 마리, 오늘은 누구의 논두렁을 넘는가.

바람의 씨

아주까리씨 하나를 입에 넣고 잘게 씹는다. 입에서 한 무더기 꽃이 피어난다. 입은 점점 더 커져 풀무가 된다. 낮은 곳에서 높은 곳으로 흐르는 생각이 피워 올리는 폭포, 한 톨의 아주까리씨가 풀무를 돌린다. 꽃의 너울 속으로 넘나드는 바람의 혼절한 모습, 지나온 역을 향해 흔드는 손짓이 내 속에 다시 바람의 씨를 흩날린다. 바람은 언제나 늙은 꿈의 주름을 지우나니.

4부

동시대인

벚꽃과 프랑스 여인과 핸드폰과

벚나무를 바라보는 프랑스 여인의 눈빛은 샘처럼 빛난다. 전철은 철로를 따라 건반을 밟듯 아름다운 속력으로 다가오고 어느 여인의 손에 들린 핸드폰이 전차를 핸드폰 속에 구겨 넣고 그녀의 얼굴과 함께 찰칵 찍으면 전차는 화면 속에서 살짝 멈춘다. 전차의 멈춤과 상관없이 벚나무에 매달린 불경(佛經)의 글씨들은 하얗게 입을 벌려 주문을 외고, 나무속에 들어 있던 고된 생각들이 세상을 향해 일제히 입을 벌리면 거기 봄날은 와 있다. 벚나무를 바라보는 프랑스 여인 곁으로 전차는 벚꽃을 흔들며 지나가고 핸드폰에 찍힌 여인의 모습은 전차에 실려 어디론가 가고. 프랑스 여인의 눈 속으로 들어간 벚꽃은 프랑스어로 번역되어 프랑스 여인의 가슴에 흔적을 남기고. 벚꽃과 프랑스 여인과 핸드폰 속의 여인은 모두 봄날의 야릇한 불경 속으로 자취를 감추고 나는……

연

내가 아주 흔한 메타포를 써서
내 그리움에 연이라는 이름을 붙여
그대에게 날린들 구름 낀 하늘에 뜬 연을
그대의 야트막한 마음은 어찌 눈치챌까요?
내 사랑의 메타포가 너무 약하니,
차라리 그대의 심장에서 이는 바람으로
그대의 세찬 사랑을 내게 띄우세요.

어둔 밤하늘의 그 시커먼 장막을
살짝 찢고 내려다보는
별의 오기가 필요한 것을,
그대 사랑의 빗장을 열기 위해서는……

문득 내가 있다가 간
빈자리를 생각하다가,
하늘에 한 점 눈으로 박혀
이 세상을 내려다본다면,
이라고 생각하며,
사랑했던 사람을

손에 마음에 잡아 생각하며,
생전에 마셨던 그리움을 토하며,

함박눈

뭘 기다려. 함박웃음? 눈이 네 눈 속에 소원을 풀어 준다고? 물고기처럼? 차라리 눈물을 기다리는 게 낫지. 결국 웃음의 끝은 눈물인걸. 시간이 눈을 끌어당길까? 기다림의 끝엔 미끄러움뿐인걸. 창문을 닫고 잠 속으로 뛰어내리자. 사랑은 사랑 가는 대로, 눈은 생각에 잠긴 하늘에게 맡겨 두는 거야. 초가지붕 위에 쌓인 눈 위로 달빛이 미끄러지든 말든. 그래도 마음의 광주리는 그냥 빈 마당에 두자.

밥

그대와 나 사이에 밥솥을 걸고
조금 기다린다.
지난여름을 울어 주던
뻐꾸기 소리를 생각하며
조금 더 기다린다,
기다림이 익기를.
생활은 양식과 같다고
밥솥에게 말하며
각자의 가슴에게 던지며
차가운 겨울엔
지난여름의 매미를 생각한다.
소낙비처럼 쏟아지던
사랑을.

비안개

계곡 사이로 하모니카를 불며
눈물처럼 흐르는 흰 물결,
저게 내 옛사랑이라도
여기서 난 해 줄 말이 없다.
저게 사랑의 내장이 흘러
철철 눈물 흘리는 거라도
나는 저 물결에 다시는
내 마음을 싣지 않으리라.
내 젊은 시절 충분히 아팠거늘
움츠린 산을 에워싸고 도는
저 흐느낌의 긴 허리에
내 생각을 동여매기는 싫다.
저게 내 가슴으로 흘러들어
내게 또 다른 눈물을
녹슨 창고에서 끌어내려 해도
나 여기서 일부러
저 흰 눈빛에게
내 심장의 피를 보이지는 않으리라.
그래도 초여름의 저 흰 천이

자꾸만 내 눈앞에 흔들어 보이는
저 신호는 무엇인가
비안개가 이끄는 저 바깥에선
누군가 사랑을 구워 먹고,
나는 또다시 그 냄새에
가슴이 솔깃해져……

사람은 누구나

견딜 수 없는 아픔이 있어
메아리를 찾아 소리를 지른다,
아득한 누군가의 심연을 향하여
소리를 지르고 소리를 기다린다,
꽃을 들여다보며 소리를 지르고
보이지 않는 길을 찾아 나선다,

길 가다 내게 손짓하는 버들가지 보았다,
봄날을 지휘하며 노래를 부르더군,
왠지 마음이 끌려 귀를 기울였지,
은은한 종소리가 들려오더군,
버드나무 안의 교회당에서 들려오는 소리였어,

설거지하는 아내를 쳐다보다가
교회당이 되어 종소리를 들려주고 싶었어,
그런데 그릇 부딪는 소리가 더 아름다웠어,

설거지통의 물이 바다처럼 깊어 보이던 날,
설거지하던 손은 내 심연이 무서웠을 수도

바람꽃

누가 생을 쓰레기장에 버리는가,
새로운 고백의 말이 바닷가에서 기다리는데,

다 쓰지 못한 언어가 마음의 벌판에
바람으로 흔들릴 때 바람꽃 피어
한숨 짙게 내뿜으며
고개 숙여 발치에 떨어진
삶의 무늬에 눈물을 쏟는다.
바람꽃,
녹아내리는 구름이여,
혀에 물들었던 사랑이여,
되감기를 하여 돌아가라,
바람꽃,
사랑이 머물던 그곳으로.
너를 기다리는
바닷가 바람이 있다.

민들레

문득 돌아봐도 보이지 않았다.
작은 창문 하나만 지니고 다닌 삶,
껌처럼 달라붙는 문장 하나 없이
비처럼 쏟아지는 말들도 없이
노래를 불러도 소리는 없이
굳어신 목소리가 한 점
눈물자국처럼 노랗게 박혀 있다,
약한 향기로 뭐라 말해 보지만
노란 이빨만 바람에 살짝,
흔들릴 뿐, 평행의 그리움에
한없는 길만 뻗어 있다,
민들레, 민들, 민들, 레, 레야,
바람에 맞추어 흔들려라,
흔들, 흔들, 흔들려라, 민들레야,
새소리 한 모금 받아먹고, 민들,
바람 소리 한 입 입에 물고, 흔들,
부드러운 바람 속에 웃음을 숨겨
안으로, 안으로 웃으며

웃음과 울음 사이에 평행선이 있다,
민들레야, 흔들레야

동지

그 연극을 보고 나서 우리는
함께 밤늦게까지 소주를 마셨다.
시간의 테러가 있기까지 우리는
연극과 술을 함께한 동지였다.
약속을 하지 않아도 약속은 됐고,
잉크 없이도 가슴에 푸른 글자를 새겼고,
손을 치켜올리듯 하늘을 가리키며
날아가는 새들처럼 전등을 바라보고
수학 공식을 떠올리며 선율을 되새겼다.
그 연극을 보고 나서 우리는 늦게까지
술을 마시며 시간을 무척 사랑했다.
우리의 사랑에 시간도 사랑으로 답하여
테러가 있기까지 연주는 계속됐고,
아름다운 순열 조합은 하나가 되어
세상은 추상만으로도 아름답다며
사랑의 마법을 음악의 날개에 달았다.
시간의 손가락은 다섯 개 다섯 개
우리는 서로의 손가락을 끼워 가며
창밖을 스치는 자동차 불빛에 전율했다.

시간의 테러가 있기까지, 아름답게
연극을 보고 나서, 주점 낭만에서,
비 오는 날, 연극 포스터가 젖던 날,
우리의 가슴속에 잉크가 번지던 날,
우리는 연극을 함께하기로 했다.

동시대인

모를 심듯 허리를 구부린 풀들
손놀림 분주한 이곳은 초여름 휴양림.
동시대인들과 오랜만에 자리를 했다.
시대를 같이하여 걸어가는 동무들이다.
개양귀비가 흔들리는 비탈길을
바람이 내려가듯 함께 걸어
가뭇한 추억의 들판에서 피사리를 하고,
가끔씩 빗방울 듣는 처마에 앉아
지하도의 백 원만 아저씨 이야기도 하지만,
나의 존재는 너로 하여 밤하늘의 별이 된다며
밤꽃 지던 그늘을 밟으면 가슴이 물컹하다.
신발 속에 담긴 사연들이 삐죽이 고개를 들어
연못 속의 물방개처럼 뒤뚱대며 떠다니고,
발길을 돌리려다 얼른 술 한잔,
삼십여 년 전의 주사는 다시 혀를 내밀어
좌중에 이중의 표정이 설핏 어리게 한다.
그래도 우리는 시대의 동지,
목소리도 그새 둥글어져 떨어져도
남의 발등을 찍지 않는다.

까치 소리에 각주를 달아 사랑 소리라 적고
푸른 나뭇잎일랑 살짝 인용 처리하여
눈앞 벚나무에 그냥 달아 두고
동시대의 본문 안에 앉아 이대로
우리는 동시대의 느티나무가 되어 간다.

숲의 노래

한 사람이 숲에 서 있네,
천둥소리 들었던 그 숲에 서 있네,
어제는 산딸기 빨간 빛
숲의 하늘에 물들었지만,
숲에 서 있는 사람의 발에
숲이 물드네,
생의 낫질 소리 숱하게 지나갔고
이제는 숨을 고르는 샘물 소리만 들리네,
한 사람이 숲을 떠났네,
숲은 그냥 거기 서서 노래를 부르네,
숲의 노래는 그치지 않네,
기억이 그칠 때까지 숲은 노래하네,
나무들은 노래하네,
숨어서 본 것들을 노래하네,
숲의 발치에 사람들의 기억이 물드네,
나무들이 흔들리네,
어깨를 늘어뜨리고 흔들리네,
바람이 불지 않아도 흔들리네,

기억 속의 노래에 맞추어 흔들리네,
숲이 노래하네.

순수를 위하여

내 덧없음의 그림자여, 안녕,
나를 둘러싼 야릇한 것들의 알랑거림이여,
안녕히 계시라,
나는 세상의 깨끗한 품속으로 들어간다
나를 기억하는 어둠이여,
나의 발길에 밟혔던 새벽 공기여,
나는 이제 세상의 아름다움 속으로 걸어간다
어딘가 그리움의 손바닥은 있어
나를 부드럽게 쓰다듬어 주는구나
나의 가슴속 그 무엇이 솟아올라,
나는 이제 순수의 그늘 속으로 걸어가리라,
거기 나의 붉게 물든 영혼을 푸르게 물들이고
나의 가슴에 손을 얹었던 욕망의 마음을 깨끗이 씻어 주고
나 순수의 낙원으로 돌아가리,
그래 나, 낙원동 할리우드 극장
허리 아래 허름한 술집에서
아귀찜 단단한 힘줄이나 뜯으며 또다시
나의 마음을 뜯는 야릇한 것들에 대해서 생각해 보련다

세상은 그래도 그리움으로 아직도 가득 차 있는지,
술잔에 비친 내 얼굴에 퇴폐를 묻으며
생각해 보련다
지상에서의 또 다른 사랑을 꿈꾸며

사랑의 노래

사랑은 모래
사랑은 파도
사랑은 가슴속 스케치
사랑은 공백과 흔적
사랑은 돋을새김
사랑은 흐린 안개
사랑은 마녀의 쏘도수
사랑은 산책로
사랑은 딸애가 선물한 새 펜
그리고 사랑은
멀리 깨끗한 하늘이 되기를,
저문 눈시울에.

국수 먹는 꼴뚜기 집에서

저쪽 저 사람은 꼴뚜기 한 접시에
막걸리 한 잔으로 나를 안심시킨다,
지하철 흔들리는 소리가 창에 미끄러진다,
떨어지는 햇살이 문틈으로 빠끔히
술잔을 들여다보고 식탁은 술잔을 받들어
사내의 목덜미에 문신을 그린다,
어제의 기억은 아무것도 아니라는 듯
사내는 다시 한 잔을 들이켠다,
나도 현재를 들어 한 잔 들이켠다,
사랑이 머물다 간 자리,
노랫소리 들리고
꼴뚜기는 경건하게 경배한다,
떨어지는 햇살을 향해,
추억은 햇살의 멜로디에 들어 있다.

광화문에서

이곳은 낡은 부두다.
시를 한 줄 떠올리며
행이 흘러가다 풀을 스치는 것을 본다.
신발을 벗고 태양 앞에 편안히
앉은 광장에 사람들은 신발을 신고
서성인다. 푸른 하늘을 다림질하며
하얀 김을 뿜어 대는 해 앞에 광화문
당초무늬들이 고개를 들고 나는 부두에서
배를 기다린다. 세종대왕 동상 앞의
사람들은 사진을 찍고
마저 사랑하지 못한 시 속
강물에 두 손 맞잡았던 맹세는 흩어진다.
이곳까지 한참을 왔다. 광화문 포구에서
퇴위한 왕들을 생각하다
밀가루처럼 풀리는 시행들을 생각하다
시골에서 이곳까지의 내 생을 생각하다
푸른 신호등에 건널목을 건너다
글자들이 냇물에 반짝이는 것을 본다.

가을

총을 당기고 싶은 나뭇잎이다.
부패하지 않는 시간이
종약처럼 확 풍겨 오는
계절의 누런 발꿈치,
친했던 시간이 절교를 선언해 오는,
비교하지 마라,
유추하지 마라, 하며
스크린에 낙엽이 진다.
뒷모습이 더욱 정겨운 때,
증오를 연습하여 공중제비를 넘던
지붕엔 어느새 눈,
먼지의 새들
산 입으로 날아든다.
누구의 유고인가.
패배의 들판으로 옛날들이 걸어간다.
둥지에서 떨어진 해를 바라보는
저녁이 가장 아름다운 법이다,
또 다른 생이 궁금하기에.

■ 작품 해설 ■

번역과 시의 연옥으로 향하는 언어의 모험

조재룡(문학평론가 · 고려대 불문과 교수)

번역이 제기하는 문제 전반을 진지하게 이야기하고자 몇몇 학자들의 발표를 청해 듣던 자리에서 나는 김재혁 시인을 처음 만났다. 문학과 번역에 관한 논의가 지금처럼 왕성하게 활보하기 이전이었던 것으로 기억하는데, 내가 지금도 잊지 못하는 건 그 자리에서 그가 남긴 한마디 말이다. 번역 이론을 공부한 젊은 연구자가 발표를 마치자 김재혁 시인이 질문을 했던 것으로 기억한다. 번역은 연옥에 말을 빠트린 후 다시 길어 올리는 고통스러운 작업이라고, 잘 생각나지 않는 질문 끝에 그가 덧붙였던 것 같은데, 지금에 와서 돌이켜 보면 그것은 수십 권의 책을 우리말로 번역해 온 경험자가 원문을 모국어로 담아내는 과정의 어려움과 문학적 재창조의 성격을 지닐 수밖에 없는 번역 특유의 생리, 번역이라는 언어 행위의 저 시작도 결말도 짐작하기 어려운 모험적 특성을 적확하게 짚어 낸, 고수의 한마디에 가까웠다고 해야 할 것 같다. 양질의 번역을 생산하는 데 필요한 각종 지침들과 이와 함께 요구되는 출판 윤리를 조목조목 제시하며 제 발표를 마친 이 명민한 번역 이론가 앞에 툭 내뱉듯 무심히 던져 놓은 번역에 관한 통찰력 깊은 한마디의 직관이 그의 시와 대관절 무슨 상관이 있는 것일까. 『책』의 전문이다.

구름보다 더 늙은
책이 내 얼굴을 쳐나본다,
내 얼굴을 들이마시고 어루만진다,
내 마음을 제본하여 읽어 보라고 내민다.
책의 손가락이 내 속을 더듬으며
뒤틀린 내 영혼의 손목에 봉침을 놓으며 웃는다.
병원 복도에서 소리 지르는
반 귀머거리 노파,
귀먹은 책이 나를 향해 소리친다,
생의 계절은 늘 그늘이었다고,
앞을 못 보는 책은
뱃고동 소리가 들려오면
낡은 귀를 쫑긋 세운다,
책의 행간을 바람이 지난다,

책의 밭고랑에 시간이 흐르며
물결친다, 책에 해일이 일어
사랑이 묻히고 죽음도 묻히고
책에 눈이 내려 어둠이 진다.

김재혁의 세 번째 시집 『딴생각』은 자연과 세계, 사물과 일상을 시적 언어로 번역하는 일에 몰두하고 있지만, 번역은 시의 뼈대가 되거나 시에서 복합적인 이미지를 결부시키는 근본적인 동기이기도 하다. "병원 복도에서 소리 지르는/ 반 귀머거리 노파"를 시적 착상의 결과라고만 여긴다면 재미있는 발상이라는 지적 이상을 꺼내 들기 어렵지만, 시인이 대면하고 있는 "책", 그러니까 필경, 제 번역 일과 맞물린 "내 얼굴을 쳐다"보는 저 "책" 속의 등장인물을 시인이 백지 안으로 걸어 들어오게 한 것을 필두로, 시 곳곳에 묻어 놓은 기발한 장치들을 하나둘 발견하기 시작하면, 우리가 풀어놓을 이야기의 성격은 완전히 달라진다. 시가 감추어 놓은 비의에 차츰 눈길이 가고, 그가 시를 통해 궁굴린 세계가 여러 겹의 복잡한 퍼즐로 얽혀 있다는 사실이 번역과의 연관성을 상정하는 일에서 제 얼굴을 드러내기 시작하기 때문이다. 책이 감추고 있는 저 미지의 삶과 아직 옮겨 놓지 않은 글이 내지르는 아우성에 귀를 기울이며 시인이 하루의 발걸음을 내딛고 또 마감한다는 사실을 이해하는 순간은 "귀먹은 책"이나 "앞을 못 보는 책"이 아직 읽지 않았거나 번역하지 않는 텍스트, 번역 중에 난항에 빠진 구절을 빗댄 것이며, 결국 우리의 삶에서 미지로 남겨진 모든 것 — 아직 읽지 못한 것 — 아직 번역되지 않은 것에 대한 적절한 은유임을 알게 되는 순간이기도 하다.

번역가의 임무는 여기서 시인의 임무와 나란히 포개어진다. 미리 말해 두지만, 사실 김재혁에게 시와 번역은 서로 다른 곳을 바라보지 않는다. 번역이 "책의 행간"을 읽는 작업에서 제 기본을 다지고, 사전을 뒤적거리며 "책의 밭고랑"을 땀내 나는 노동으로 구석구석 일궈 낸 다음, "책의 해일"을 온몸으로 대면하며 (원)작품을 (번역)작품으로 되받아 내는 일, 그러니까, 그의 말마따나, 다른 나라 언어를 연옥에 빠트린 후 다시 건져 올리며 애면글면 우리말의 가능성을 함께 타진해 나가는 과정이라고 한다면, 그의 시는 바로 이 번역과 번역 과정, 번역이라는 소재 전반에서 크게 탄력을 얻어, 말과 시간의 깊이를 궁리하고, 삶과 일상을 자연의 애처로운 사건으로 형상화하는 독창적인 일에서 제 가치를 획득해 내고 있기 때문이다. 우리는 이렇게 번역이나 시 쓰기를 멈추는 순간 "사랑이 묻히고 죽음도 묻"힐 것이라고 말하는 구절에 이르러 시와 번역 없이는 시인 자신의 삶도 존재하지 않을 거라는 시인의 굳건한 믿음 하나를 읽게 된다. 번역이나 시 창작은 공히 글로 펼쳐 내는 지난한 지적 노동이라는 점에서, 하루 어느 순간에 이르러 어쩔 수 없이 마감해야 하는 한계가 있지만, 이 멈춤이 김재혁에게는 단순히 물리적 시간을 마무리 짓는다는 것을 의미하지는 않는다. 인용된 작품의 마지막 구절 "책에 눈이 내려 어둠이 진다"가 광채를 뿜어내며 우리를 사로잡는 것은 바로 시집 전반의 이와 같은 맥락을 우리가 이해할 때다. 김재혁은 읽고 번역한 바로 그 만큼만 지금까지 비가 시적이었던 삶의 결들이 현실에서 활력을 얻어 내고 나아가 세상을 새롭게 구성하는 원동력이 된다는 사실을 알고 있으며, 바로 그만큼의 노력으로 획득되는 독창적인 세계로 제 시의 구석구석을 물들이는 데 성공적으로 합류하고 있다.

조는 한낮의 건물 밑에서 졸다
비린내를 싫어하는 대나무처럼 뻴쭉하게
총을 내려놓고 담배 한 대 피우다

그대를 실망시키기 위하여
하루 종일 돌아다녔습니다.
쓰던 말 버리고 산속으로 들어갔죠.
낯은 익지만 이름을 모르는
나무들 풀들 새들 틈에 서면 왠지
친근하면서 서먹서먹하더군요.
풀들은 제 이름 속에 꽂혀 있지만
나는 그 꽃병들의 이름을 모릅니다.

냄새는 익숙하지만 이름을 몰라
말을 선뜻 건네지 못합니다.
그냥 모른 척 꽃병에서 뽑아 버릴까요,
왜 그러느냐고요?

조는 한낮의 건물 밑에서 졸다
내 시는 계속해서 마이크 시험 중이라
총을 내려놓고 담배나 피우고 있다
내가 부르는 그대 이름 속에
그대가 들어 있기를 바라면서

—「마이크 시험 중」

그렇다면 어떻게 그의 시는 제가 읽고 번역한 바로 그만큼의 삶을 새로이 해석해 내고 구축해 나갈 가능성이 되어 우리 곁에 당도하는가? 번역가로서의 시인, 시인으로서의 번역가라는 저 거역할 수 없는 운명을 시인은 어떻게 제 시의 언어로 펼쳐 내는 것이며, 시인—번역가라는 이중적 정체성은 시에서 어떤 모습으로 풀려나와 우리에게 그 실험의 결과를 내려놓는가? 첫 연과 마지막 연은 맥락에서 탈구된 대목들이 아니라, 번역이나 독서의 대상을 한껏 비틀어 적어 놓은 것, 다시 말해, 번역한 구절이나 번역에 몰두하고 있는 중인 책의 한 대목이거나 그것의 변용이라고 볼 여지가 생겨난다. 물론 중요한 것은 그다음이다. 둘

째 연이 오롯이 번역하기 — 시 쓰기에 찾아든 고통에 대한 아름다운 서술로 읽히는 것은, 오로지 번역이라는 맥락 속에서, 다시 말해, 고통스러운 번역의 여정을 자연에 빗대어 결곡하게 적어 나갔다는 전제 아래에서만 그러하다고 말해야 할 것 같다. 그러니까, 부연하자면, 이런 것이다.

그가 번역하고 있는 책의 주인공은 "조"다. "조"는 "졸다"와 상응하는 말의 유사성에서 우유부단한 성격의 소유자임을 노출하는 동시에 번역하기에 몹시 까다로운 텍스트의 주인공이라는 사실도 암시한다. 그다음, 맥락이 바뀌어, 시인 — 번역가의 고백이 시에서 몸을 내민다. "그대를 실망시키기 위하여"는 자칫하면 아이러니나 모순어법으로 비추어질 수 있지만, 실상, 번역이란 아무리 잘해야 원문을 넘어서지 못한다는, 번역에 대한 통찰이기도 할 사사로운 자책의 표출에 가깝다고 할 수 있으며, "쓰던 말 버리고 산속으로 들어갔죠"는 원문의 낯선 구문을 우리말의 용법에서 일일이 찾아내어 반영하기 위해 끊임없이 궁리한다는 사실을 말해 주고 있다.* "낯은 익지만 이름을 모르는/ 나무들 풀들 새들 틈에" 저 자신이 놓였다는 것 역시, 연옥을 헤매고 있는, 그러니까 결정된 것이 아무것도 없어 유령처럼 떠도는 말들을 붙잡고 씨름하는 번역가의 상태를 산

* 김재혁 시인과 갑자기 연락이 되지 않는다는 것은 그가 번역에 몰두하고 있음을 의미한다. 그는 방학이면 자주 번역을 위해서 산속에 들어박힌다.

속의 자연 풍경에 기대어 유려한 문체로 되감아 낸 것이다. "이름을 몰라/ 말을 선뜻 건네지 못"한다는 구절도 자세히 살펴보면, 번역이라는 맥락에서 이탈한 것은 아니다. 물론 번역의 어려움에 대한 고백을 끝낸 시인이 절망과 탄식과 자책만을 손에 쥐고 있는 것도 아니다. 마지막 연에 이르러 다시 첫 연에 등장한 번역의 주인공 "조"를 우리가 마주하게 되었을 때, 시인 — 번역가의 경계가 어느새 허물어졌다는 사실에 주목해야 할 이유가 여기에 있다. 번역의 모험이었던 것이 어느새 시의 모험이 되었다고 해야 할까. 내 번역에서 완벽하게 담아내지 못해 "조"가 내려놓은 "총"은 이제 내가 시를 고민하며 살며시 내려놓은 "총"이 되었다. 번역의 "총"이 시의 펜이 되는 순간을 우리는 보고 있는 것이다. "내가 부르는 그대 이름 속에/ 그대가 들어 있기를 바라면서"라고 시를 마무리한 것은 따라서 시 쓰기에서 오는 절망과 번역이 부여하는 절망이 동일한 크기의 고통을 삶에다 져 나른다는 사실을 말하기 위함일 것이다. 그러니까 그것은 겸손이나 염원이 아니라 오히려 시 쓰기를 실천하는 자의, 허황됨을 벗어 버린 자신감에서 비롯된 작은 소망이자 마지막까지 지켜 내야 할 번역의 윤리이기도 한 것이다. 번역하기 — 시 쓰기의 일치됨과 어긋남을 재치 있는 구성과 적절한 비유로 변주해 낸 이 작품에서 백미는 제 정신노동의 고통과 그 노동의 과정 전반을 자연 풍경에 덧붙여 녹여낸 능력에 놓여 있다는 점도 반드

시 부기해야만 한다. 김재혁에게 번역하기 — 시 쓰기 작업은 결국 실패를 거듭하면서 완성을 바라보는 행위라는 점에서, 소진되지 않는 현재를 지속적으로 지금 — 여기에 불러내는 계기이자, 끝나지 않는(끝날 수 없는) 언어의 모험 속으로 우리 모두를 초대하는, 서로 떨어지려야 떨어질 수 없는 하나는 아닐까? 그렇다면 이 모험을 개진했던 사람들은 누구였는가?

시의 짐승들이 어슬렁거리는 책장이다.
참새가 창가에 와서 찰칵찰칵 엿을 자른다.
김수영이 뱉어 놓은 침이 마야코프스키의 시집에 잔뜩 묻어 있다.
개미 떼처럼 하늘에 달라붙어 있던 보슬비를
바람이 윈도우브러시로 싹싹 지운 한낮,
책상에 내려앉은 참새 두 마리가 주둥이로 자판을 콕콕 쫀다.
말라르메는 추억에 젖은 손가락으로 앨범 속 아가씨를 뒤적거리고
더위에 지친 시간이 책상 위에 널브러져 곤한 잠에 빠져 있다.
꿀통 속의 고통을 훔쳐 먹은 하이네는 눈물을 훔치고
젊은 괴테는 슬픔을 베르테르에게 넘겨주고 집을 나갔다.
부르크하르트의 르네상스 풍경 쪽으로 수렴되는 한가로운

책장,

밖은 안개다. 선악과가 무성하게 자라는 정원.

—「한낮의 서재」

김수영과 말라르메, 괴테는 모두 제 시대에 혁명적인 시인이었지만, 한편으로 빼어난 번역가이기도 하였다. 하이네처럼 자주 독일의 문에 정신을 갱신했다고 인용되어 온 시인도 없을 것이며, '대중적 취향에 침을 뱉어라'의 마야콥스키처럼 혁명과 비극의 화신으로 저 복잡다단했던 혁명기에 불꽃처럼 활동하다 사라져 우리 마음 깊숙이 각인된 시인도 드물 것이다. 김재혁은 이들의 언어를 직접 번역해 보거나 이들의 시를 읽으며 번역과 시가 남긴 흔적을 살핀다. 이 말에 오해의 소지가 있겠다. 여기서 번역의 흔적은 우리가 읽는 말라르메는 한국어로 번역된 말라르메라는 사실을 새삼스레 확인하고자 한 것이며, 더불어 김수영의 시적 혁명이 사실 번역의 혁명이기도 하다는 사실을 김재혁이 염두에 두고 있다는 사실을 환기하기 위해 사용한 것이다.

이들에게 번역의 경험은 전통과 근대, 외국어와 모국어, 산문과 시, 일상과 역사, 창작과 번역 등의 이항 대립 구조에서 벗어나, 한 시대의 지적 패러다임을 고안해 낼 새로운 실험의 밑천이나 다름없었다. 번역 과정에서 시인은 자신이 경험한 이질적인 것들을 일방적으로 추앙하거나 단호하게 부정하는 것이 아니라, 그 맞은편에 속할지도 모르는,

필경 시인 자신의 내부를 지배하고 있었을 전통적인 시나 그 형식은 물론, 고리타분한 사유나 낡은 사상과도 치열하게 맞서 싸워야만 했을 것이다. 시의 모험에 있어서 번역에 진 빚이 작다고 할 수 없는 시인들을 한곳에 불러 모은 것은 "한가로운 책장"에 꽂혀 있는 그들의 시집이나 우리말 번역서, 그들의 번역 작품집이나 그 번역 작품집의 우리말 번역서 등을 읽으며 살아가는 삶이 김재혁에게는 대부분 지성으로 치러내야 하는 치열한 전투이자 언어의 발굴로 개진해 나가야 하는 고달픈 투쟁으로 물든 시간이었다는 것을 말해 준다. 그럼에도 확실성과는 거리가 먼 "안개"에 갇혀 나날들을 보냈다는 그의 말에 귀를 기울이면, 우리가 비유의 적절성을 긍정하는 만큼 그의 고통을 체감하는 속도도 빨라지고 만다. 따라서 "더위에 지친 시간이 책상 위에 널브러져 곤한 잠에 빠져 있다"는 구절은 평온하고 나른한 어느 오후의 풍경이 아니라, 말과 문장의 선별이나 의미의 고안으로부터 자유로울 수 없는 번역가—시인의 고된 작업 끝에 피곤에 지쳐 어쩌다 주어진, 예기치 않은 휴식일 것이다. 그런데 김재혁은 왜 이토록 번역에 매달리고 번역을 모티브 삼아 제 시의 몸통을 구축해 내며, 자연과 일상을 번역하는 일에 매달리는가? 우리의 물음은 당연히 근본적이어야 한다.

이곳엔 사랑이 넘실대지요.

고통도 바지를 걷고 함께 개울을 건넙니다.
수초들은 뒤엉켜 있고,
가끔 미끄러운 돌이 딛는 발을 밀쳐 내는군요.
모두 사연을 갖고 사는 세상입니다.
사연들은 글자로 서서 머릿속을 헤맵니다.
글자들에게 사연을 물으면
모두 담배나 피워 물 뿐,
수초 속에 숨은 그리움입니다.
누군가의 마음을 건넌다는 것은
늘 실패한 첫사랑입니다.
그래서 아쉽지요.

—「번역의 유토피아」

번역은 사랑이다. 번역은 글에 대한 사랑이자 외국어에 대한, 타자에 대한, 세계에 대한 사랑이다. 그러나 그것은 십중팔구 실패한 사랑이다. "수초들"이 여기저기 "뒤엉켜 있"어 번역의 강에 발을 담근 번역가는 언제라도 긴장을 풀 수 없으며, 긴장을 유지했다고 한들 "가끔 미끄러운 돌이 딛는 발을 밀쳐 내" 실패로 귀결되기 십상인, 그런데도 저를 탓하며 놓아 버릴 수도 없는 사랑이다. 그것은 필연적으로 실패가 예정된 사랑이다. "글자들에게 사연"을 묻는 일은 따라서 번역가에게 보람을 선사하기보다, 외국어로 된 문자가 건히는 정도에 따라 새어 나올 원작의 아우라를 목도하고자 하는 욕망에 의지해 제 진척을 독려해 보지만, 그럼에도 원작의 아우라를 온전히 바라볼 수도, 완전히 재현할 수도 없는, 타인의 문자와 문장과 텍스트를 완전히 장악할 수도 없는 작업이다. “말과 말 사이의 빈 공간에/ 그녀와 내가 있다”(「사랑은」)고 말할 때, “K는 삶에 취해 자신의 성문을 열어 놓고도 자신의 성을 찾아 길을 헤매고 있다”(「카프카의 「성」을 읽다가 문득,」)고 말할 때, 우리가 김재혁의 시에서 읽게 되는 것은 번역에 대한 그의 사랑, 그러나 실패할 수밖에 없는 사랑, 필경 실패가 예정된 사랑, 그럼에도 포기할 수 없는 사랑일지도 모른다. 카프카 소설의 주인공 K와 번역가가, 번역에서 하나가 되지 못할 바에, 아니, 베르테르에게서 번역가가 “봉인하지 않은 그의 심장”(「베르테르의 슬픔」)을 느낄 수 없다고 생각될 때, 김재혁은 제 시에서 주인공으로 베르테르와 카프카 소설의 K를 초대하여 차라리 이 실패한 번역의 사랑을 해소되지 않는 그리움의 자락으로나마 붙잡아 보려고 했던 것은 아닐까?

사랑이라는 임시계약서에 일용직으로 고용되었던 순간들, 한 순간의 희미한 서명만 남았을 뿐이지만, 낙엽 같은 그 순간들의 종이 위에 무엇이라도 써넣고 싶었던 마음들만이 떠도는 겨울 하늘엔, 그래도 또다시 그리운 이름들이 바람에 휘날린다. 한 줌의 사랑을 주머니에 넣어 두었다가 날아가는 참새에게 던져 주며 낙엽에 떨어지는 저 햇살은 햇살의 묶음

보다 더 아름다운 외로움을 노래한다.

—「낙엽에 떨어지는 저 햇살은」에서

언어의 가슴에 손을 집어넣어 그렇게 부드럽게 만지지는 못하지만, 그래도 이렇게 바람결에 몇 자라도 적을 수 있는 것은 내 여린 마음의 흙 속을 마구 파 뒤집고 다니는 누군가, 이 세상 하늘에도 집의 흔적을 남기는 두더지가 있기 때문이다

—「관심」에서

사랑에 대한 은유는 거개가 시와 글, 특히 언어와 말에 바쳐지지만, 그 뒤에는 항상 번역이라는 맥락이 주어져 있으며 번역에서 착수한 배경이 무시하지 못할 무게로 들어차 있다. "말의 안쪽에, 뭔가가 푸드득 날아와 알알이 품고 있는 새의 둥지 같은 그 안쪽"에 나 있는 "좁다란 길"(「손길」) 역시 시의 길이지만, 이 길은 한편으로 번역에서 만난 길이자, 번역을 통해서 시가 입회한 길, 번역에서 착수되어 시가 조금씩 넓혀 낸 길이며, "누군가가 읽다가 치워 둔 책 같은 그 우물을 나는 끝까지 읽으리라"(「우물」)라는 다짐 또한, 어머니에 대한 기억의 흔적을 쓰다듬는 일을 담담하게 책 읽기에 비유하면서 묘사의 저 특이한 어투로 적어 낸 것이다. "번역 일로 밤을 꼬박 새고 새벽 다섯 시 아파트 꼭대기 서재에서 북악스카이웨이를 느긋하게 내려다보며 잘 익은 라면을 먹는다"고 김재혁은 짐짓 말하지만, 그

의 시에서 이러한 말은 결코 그 자체로 마무리되지 않는다. 왜냐하면 그가 번역이라는 주제에서 착안하여 시 안으로 끌어당겨 온 것은 "떠오르는 해의 어렴풋한 빛살이 그들의 눈빛을 지울 때까지" "라면 그릇을 치우지 않"은 채, 바라보는 "입안이 타들어가는 애처로운 가로등 불빛들"이며, 결국 이 불빛 아래에서 김재혁이 어렴풋이 마주하는 것은 "내 눈에서 치울 수 없는 텍스트"(「가로등 마음 읽기」)이기 때문이다. 김재혁의 시에서 번역과 결부된 모든 것들은 이처럼 시로 환원되며, 그 과정에서 자연과 일상과 기억과 가족사 전반이 언어와 번역, 쓰기와 읽기, 책과 독서라는 커다란 자장 안에서 다시 태어나고 사라지기를 반복한다. 가령, 우리가 미처 다 읽지 않은 「손길」의 나머지 부분은 번역이라는 언어 행위의 특성을 배경 삼아 맘껏 쏘아올린 시가, 결국 삶을 독창적으로 번역한다는 테제를 실천하고 마는 한편의 시로 탈바꿈하는 과정 전반을 잘 보여 준다.

> 말의 안쪽으로 깊이깊이 들어가 계곡으로 걸어가면 거기 마지막에 암자처럼 누군가 앉아 있어 그분에게 물으면 알려 주는, 그 길을 끝까지 가면 결국 만나는, 가끔은 교활한 쥐새끼들도 다니고 무서운 장갑차도 다니기도 하지만, 철없는 딸을 앞에 두고 아버지가 마시는 소주잔 끝에도 매달려 있어 때론 용수철처럼 튀어 오르다 뼈아픈 후회를 토해 내고, 팔다리 없는 제 자화상에게는 하소연할 수 없지만 그러면서도

온몸으로 가는, 생각의 매표소 끝에 멈추는, 손길.

김재혁은 서정시라는 탄탄하고 안전한 길을 걷지 않는다. 오히려 번역과 시의 상관성이 자연을 무대로 기이한 시정을 불러일으킨다고 해야 옳을까. 그의 시에서 자주 등장하는 자연은 턱없는 예찬이나 경탄의 대상이 아니라, 이지적이고 논리적인 짜임을 바탕으로 번역가—시인 주체가 적극적으로 활보할 사유의 공간을 만들어 내는 데 없어서는 안 될 비유의 대상일 뿐이다. 김재혁은 서정시의 문법에 제 시를 위임하는 대신 자연의 변화와 일상의 남루한 풍경, 개인적인 경험 전반을 번역과 시에서 착안한 언어의 모험을 통해 특이한 재현의 대상으로 전환하면서 새로운 서정의 힘을 견인해 낸다. 따라서 책과 독서, 번역과 시 쓰기 전반은 자연과 일상의 변화와 그 변화가 만들어 낸 자그마한 사건으로 주조되어 나타나는데, 이때 필요한 것은 영탄조의 찬사, 감정의 과잉이나 감상적 태도가 아니라 '자연스러운' 인공물을 조직해 낼 지적인 언어 운용인 것이다. 이처럼 "다 쓰지 못한 언어가 마음의 벌판에/ 바람으로 흔들릴 때"(「바람꽃」)나 "내 언어는 구름처럼/ 녹지 못하고/ 아직 지상에 매여 있어/ 그대의 가슴을 떠나지 못한다"(「가을날의 생각」)처럼, 우주와 세계의 조물주는 자연이 아니라 오히려 언어이며, 자연은 오로지 언어가 부리는 부속물로 존재할 때 시에서 크게 제 가치를 빛낼 뿐이다. 그는 광화문에서 "행이 흘러가다 풀을 스치는 것"을 본다고 말하는 시인, 그러니까, 과거의 왕을 떠올린 순간에조차 "밀가루처럼 풀리는 시행들을 생각"(「광화문에서」)할 뿐이라고 말하는 언어 탐구자인 것이다. 아래 전문을 적어 놓은 「꽃, 비가」에서 우리는 생의 진경을 경험한 자가 길어 올린 성찰의 비의들조차 언어의 모험과 번역의 경험에 크게 빚지게 될 때, 뿜어내는 독창적인 서정의 목소리를 듣게 된다.

봄마다 꽃들이 부르는 비가는
나무를 물들이고 나무는 운다,
지난봄에 보았던 북한산 산수유 꽃은
새가 되어 내 가슴속에 살면서
가끔 내 가슴을 두드리며 운다,
서 있다는 것은 저편을 향한 비가다,
꽃 속에 비가가 숨어 있다는 건
비 오는 거리에 서 있어 본 사람이면
누구나 안다, 꽃은, 어느 봄날의 꽃이든
어두컴컴한 빈 방에 덩그마니 매달린 의자다,
의자엔 죽음이 걸터앉아 엉덩이를 들썩이며
비가를 부른다, 앞뒤로 일렁이며 삶의 비가를,
노래를 입안으로 흘려 넣으며, 그래 그렇게
흔들리며 달이 고개를 돌릴 때까지
잠시 이런저런 빛깔로 아픔을 노래해 보는 거다

노란 눈물 빨간 눈물 하얀 눈물

—「꽃, 비가」

김재혁의 시가 쌓아 올린 자연적인 인공물에는 번역의 경험이 자리하지만, 우리가 그의 시에서 목도해야하는 것은 어쩌면 번역과 시의 실패일지도 모른다. 시나 번역이 성공을 낙관하지 않을 때, 그렇게 할 수 없다고, 아니, 매일같이 그 사실을 몸소 경험하는 자에게 실패하는 언어와 실패하는 시가 흘린 고통의 눈물은 패배를 모른다. 김재혁에게 시와 번역은 결국 언젠가 다시 만날 수밖에 없는 한 길을 바라보며 묵묵히 앞을 향해 걸어가야 하는 운명이지만, 제각기, 완성될 수 없는 유토피아라는 공동의 소실점을 향하기에 실패를 반복할 수밖에 없는 주체라고 해야 할지 모르겠다. 번역과 시는 그에게, 아니 우리 모두에게 끊임없는 실패의 경험을 내려놓을 뿐이지만, 실패를 거듭하면서, 우리는 삶의 이면과 생의 다채로운 결들을 지금 우리가 살아내고 있는 삶 속에서 체현해 낸다. 이 실패의 저 앞줄에 어쩌면 시가, 번역이, 아니, 이 둘의 상호작용 속에서 쉴 새 없이 뿜어 나오는 성찰의 목소리가 자리하고 있을 것이다. 이 목소리는 타자와 말, 언어와 번역이라는 연옥에 빠져 그곳을 한 바퀴 돌고서 가까스로 빠져나와 현실로 육박해 오는 목소리다.

누구의 유고인가.
패배의 들판으로 옛날들이 걸어간다.
둥지에서 떨어진 해를 바라보는
저녁이 가장 아름다운 법이다,
또 다른 생이 궁금하기에.

—「가을」에서

자서에 적어 놓은 "늘 마음의 안쪽에 서 있는 이"는 김재혁이 시집 전반에 곡진한 어조와 재치 있는 표현, 적확한 비유와 신산스러운 경험으로 녹여낸, 시인이 함께한 삶 전부를 담아내고 있는 아내나 가족을 지칭하겠지만, 한편으로 그것은 번역으로 점령해 낸 기억, 번역으로 읽어 낸 일상, 번역의 언어로 다시 구축해 낸 시적 공간, 번역의, 번역에 대한 사랑으로 자유로운 날개를 달아 놓은 시적 주체를 의미하는 것이기도 할 것이다. 물론 내가 해설에서 다루어 본 번역과 언어, 시와 번역은 김재혁의 세 번째 시집을 읽어 내는 데 필요한 자그마한 단서일 뿐이다. 우리는 그가 시로 가로지른 풍부하고 다채로운 여러 길 가운데 고작 하나만을 이야기했을 뿐이다.

김재혁

1959년 충북 증평에서 태어났다. 고려대 독문과를 졸업하고 동 대학원에서 릴케 연구로 박사 학위를 받았으며 1994년《현대시》로 등단했다. 시집으로『내 사는 아름다운 동굴에 달이 진다』,『아버지의 도장』이 있고 저서로『바보여 시인이여』,『릴케와 한국의 시인들』등이 있으며 역서로『푸른 꽃』,『넙치』,『릴케전집』(1, 2권) 등 50여 권이 있다. 현재 고려대 독문과 교수로 재직 중이다.

딴생각

1판 1쇄 펴냄 · 2013년 8월 9일
1판 2쇄 펴냄 · 2013년 10월 1일

지은이 · 김재혁
발행인 · 박근섭, 박상준
편집인 · 장은수
펴낸곳 · (주)민음사

출판 등록 1966. 5. 19. 제16-490호
서울시 강남구 신사동 506번지 강남출판문화센터 5층 (우)135-887
대표전화 515-2000 / 팩시밀리 515-2007
www.minumsa.com

ISBN 978-89-374-0816-8 04810
ISBN 978-89-374-0802-1 (세트)